AF523618

Peterchens Mondfahrt

HANS TRAXLER

Ignaz, die gelbe Dogge und die Höllenhunde

INSEL VERLAG

Insel-Bücherei Nr. 1491

INHALT

IGNAZ

Jedes Jahr im Monat August fuhr ich mit meiner Mutter und den älteren Brüdern Fritz und Franz mit der Dampfeisenbahn nach Nordböhmen, um dort bei den Großeltern die Sommerferien zu verbringen.

Während der Zug in der Dämmerung entlang den Ausläufern des Erzgebirges dahinfauchte und ratterte und vor jedem Tunnel gellend pfiff, drängten wir Buben uns am halbgeöffneten Fenster und starrten in den Abendhimmel, wo immer neue Wolken von glühenden Funken vorbeizogen, die aus dem Schornstein der mit Braunkohle geheizten Lokomotive quollen und das Abteil und unsere Gesichter in rosarotes Licht tauchten.

Ab und zu griff einer von uns beherzt mit der Hand in den Glühwürmchenschwarm, zog sie blitzschnell mit einem Schrei zurück und zeigte stolz seine rußige Handfläche.

Wenn der Zug am späten Abend mit lang gedehnten Warnpfiffen und ebenso lang quietschenden Bremsen in die Bahnstation einlief, sahen wir schon im Vorbeifahren Herrn Rochlitzer, den wir Kinder »Herr Rokoko« nannten. Er saß mit Bowler und Pelerine auf dem Bock der Kutsche, eines geschlossenen, gummibereiften Einspänners, der unserem Großvater auch nach seiner Pensionierung zur Verfügung stand.

Im Haus der Großeltern angekommen, wurden wir

Buben ohne weitere Umstände einer nach dem andern in eine mit heißer Seifenlauge gefüllte Zinkwanne gestellt und mit Schwamm und Wurzelbürste vom Braunkohlenruß der langen Reise befreit. Anschließend wurden wir neu eingekleidet, ins »Herrenzimmer« geführt und dort dem Großvater vorgestellt.

Dann endlich durften wir uns im Haus verteilen und uns dem zuwenden, worauf wir uns das ganze Jahr gefreut hatten: dem Bilderbuch »Peterchens Mondfahrt« mit den magischen Aquarellen von Hans Baluschek, mit den Geschichten von Nachtfee und Donnermann, Windliese und Wolkenfrau, Hagelhans und Regenfritz, Eismax und Taumariechen und dem fürchterlichen Kampf des gigantischen Sturmriesen gegen den mörderischen Mondmann.

Zuvor aber wurde Ignaz begrüßt.

Ignaz war ein Mischlingshund, mehr Zwergschnauzer als Foxterrier, mit eisgrauem Fell und schwarzen Augen, die nicht seitlich, sondern nach vorn gerichtet am viel zu großen Kopf saßen und seinem Gesicht, zusammen mit einer Knubbelnase und den nach unten gezogenen Mundwinkeln, immer etwas Melancholisches, ja Weltschmerzliches gaben.

Dieses äußere Erscheinungsbild stand ganz im Gegensatz zu seinem Wesen. Ignaz war ein munterer kleiner Kerl, der mich wie ein Gummiball umhüpfte und dabei über eine erstaunliche Sprungkraft verfügte. Kaum war er auf dem Boden gelandet, schnellte er gleich wieder hoch, als wäre er auf einem Trampolin, und dieses Hüpfen erfreute ihn selbst so sehr, dass er jedes Mal kleine, begeisterte Kläfflaute von sich gab.

Diese Bekundungen seiner unbändigen Lebensfreude ließen niemand kalt, der ihr Zeuge wurde. Auch die eiligsten und mürrischsten Passanten blieben stehen und verzogen ihre Gesichter zu einem Lächeln, wenn sie zusahen, wie Ignaz auf dem Scheitelpunkt seiner Sprünge scheinbar in der Luft stehen blieb und sich dann überschlug, bevor er wieder in die Tiefe stürzte, um sofort wieder in die Höhe zu schnellen. Nicht wenige beugten sich dann zu ihm hinunter und kraulten ihm das Fell, was wiederum erneutes Hochspringen, Umtanzen und hocherfreutes Bellen zur Folge hatte.

Diese im Wortsinn umwerfende Lebensfreude war es, die schließlich zum tragischen Ende dieser liebenswertesten aller Kreaturen führte. Zuerst aber kam der Sommer.

Mein Großvater mütterlicherseits, der in der Familie als begütert galt, bewohnte ein Haus aus dem frühen 19. Jahrhundert in einem kleinen Park samt Brunnenhaus und einem halb zugewachsenen Teich. Dort in diesem Teich spielten wir unter der Anleitung meines großen Bruders die »Flusspiraten des Mississippi« von Friedrich Gerstäcker nach, mit Ignaz als Schiffshund.

Meine Brüder hatten im Kohlenkeller eine alte Zimmertür entdeckt, die wurde nun über den Rasen gezerrt und zu Wasser gelassen. Ein Besenstiel wurde auf das Deck genagelt, an dessen oberem Ende ein Stück schwarzen Stoffs hing, auf das ich, der Zeichner der Familie, mit Tafelkreide einen Totenkopf und zwei gekreuzte Knochen gekritzelt hatte. Zwei Zündplättchenrevolver ersetzten die Schiffskanonen. Dass uns der Gegner fehlte, tat der Sache keinen Abbruch, der wurde mit viel Geschrei und Steinwürfen aufs andere Ufer hin imaginiert.

Ignaz begriff die Lage sofort und unterstützte unsere Angriffe auf den unsichtbaren Feind mit wütendem Gebell.

Alle unsere Seeschlachten endeten damit, dass wir

uns ermattet und erhitzt ins Wasser gleiten ließen und ans Ufer schwammen, in einem Stil übrigens, den wir »Hundeschwimmen« nannten und der auch genau das war: laufartige Bewegungen mit den Beinen und senkrecht schaufelnde mit den Armen. Es reichte gerade, um mit angstvoll aufgerissenen Augen die Nase über Wasser zu halten. Ignaz paddelte in engen Kreisen um unsern Pulk herum, wie ein Hirtenhund, um sicherzugehen, dass wir wohlbehalten das Ufer erreichen. Dann warfen wir uns ins Gras, blinzelten in die Sonne und ließen uns trocken scheinen. Das hätte nun in alle Ewigkeit so weitergehen können, wenn nicht die Sache mit den Radfahrern gewesen wäre.

Es fing damit an, dass Ignaz hechelnd und kläffend neben ihnen herlief. Er war kein Mann für die langen Strecken, aber im Sprint über 50 Meter gab es keinen Radfahrer, der Ignaz entkam. Seine Grundschnelligkeit war enorm, seine weiten Sprünge glichen denen einer Gazelle auf der Flucht.

Wenn er das bewiesen hatte, bog er nach links ab und kehrte im gemütlich verhaltenen Trab an das Gartentor zurück, wo er Posten bezog und auf sein nächstes Opfer wartete. Wir drei Brüder warteten, auf der Mauer sitzend, mit ihm und feuerten ihn immer wieder an. Den Radfahrern gefiel das überhaupt nicht, aber sie hatten keine Wahl.

Unser Dorf war ein Straßendorf. Das bedeutete, dass jeder, der per Rad in das Nachbardorf oder in die Kreisstadt wollte, einmal hin und einmal her an unserem Gartentor vorbei musste. Und dort wartete Ignaz. Der legte nun einen Zahn zu. Er lief nicht nur einfach neben dem verhassten Radler her, er entwickelte jetzt den Ehrgeiz, in die Reifen zu beißen. Das gelang ihm zwar nie, aber die Radfahrer waren von diesen Angriffen derart irritiert, dass sie anfingen, wütend mit den Füßen nach ihm zu treten, wozu sie den festen Halt in der Pedale aufgeben mussten. Ignaz wich ihnen geschickt aus, aber die Radler verloren nun das Gleichgewicht und stürzten gewöhnlich in hohem Bogen auf die staubige Dorfstraße.

Es gab aufgeschlagene Knie, Geschrei und Beschwerden. Mein Großvater erschien am Gartentor, die goldene Uhrkette über der Weste, und rief mit schneidender Stimme: »Iggnazz!«, mit drohender Betonung auf der ersten Silbe.

Ignaz zog die Rute ein und kroch, mit dem Bauch auf dem Boden, schuldbewusst durchs Tor. Das ging so lange gut, bis Ignaz eines Tages die Tochter des Bergwerksdirektors in den Straßenstaub legte. Die verletzte sich dabei so schwer, dass sie zwei Wochen nicht am Schulunterricht teilnehmen konnte.

Da griff mein Großvater zur Hundepeitsche und zog Ignaz eins drüber und dann noch eins. Ignaz jaulte verletzt und beleidigt auf. Er konnte nicht begreifen, warum er für etwas bestraft wurde, was doch seit Hundegedenken der Auftrag eines jeden Schnauzers ist: den Besitz seines Herrn zu verteidigen.

Ignaz verzog sich tief ins Innere des Hauses, ins sogenannte Herrenzimmer. Das war ein hoher, zu jeder Tageszeit düsterer, schilfgrün und golden tapezierter Raum, der wenig benutzt wurde. Vor dem hohen Fens-

ter mit den schweren Samtvorhängen stand ein massiver Schreibtisch aus schwarzer Mooreiche im Stil des Zweiten Kaiserreichs. Unter diesem Schreibtisch war mein Rückzugsort, wo ich mit meinen Bilderbüchern und Bleisoldaten viel Zeit verbrachte. Nun wurde es auch zum Versteck für Ignaz. Immer wenn er verprügelt wurde, kam er an mit leisen, winselnden, Mitleid heischenden Lauten, stupste mich mit seiner Nase an, legte wohl auch manchmal seine Pfote auf meinen Arm und wollte getröstet werden. Dann ringelte er sich ein, seufzte auf und drückte seinen Körper gegen meinen. Ich legte die Spielsachen beiseite, legte meinen Arm um Ignaz, und wir dösten in vollkommener seelisch-körperlicher Übereinstimmung vor uns hin.

Diese Glücksnähe konnte ich, der Fünfjährige, in diesem Sommer immer wieder erleben, denn Ignaz mochte die Jagd auf die Radfahrer nicht aufgeben. War das sein genetisch bestimmter Ur-Instinkt, der ihn sich jedes Mal wieder begeistert in den Kampf stürzen ließ, oder waren es, nach der Auspeitschung, unsre seligen Stunden in der Mooreichenhöhle?

Das Ende habe ich nicht mehr selbst erlebt. In den Sommerferien des nächsten Jahres fand ich zwar »Peterchens Mondfahrt« vor, aber keinen Ignaz.

Er sei krank geworden, nicht lange nach unserer

Abreise, sagte meine Großmutter, und man habe ihn einschläfern müssen. Aber das war gelogen.

Die Wahrheit erfuhr ich erst viele Jahre später von meiner Großtante Angelika, der Schwester der Großmutter. Ein Jahr bevor sie selbst während der Flucht übers Erzgebirge an Entkräftung starb, besuchte ich das kleine alte Fräulein in ihrem Dachzimmer in Großvaters Haus. Sie war zeitlebens Gouvernante bei einer Dresdner Familie gewesen. Jetzt saß sie in ihrem alten Korbstuhl, in einen Schal gewickelt, und häkelte an einem gelben Bettjäckchen, während sie mir die Tragödie in allen Einzelheiten erzählte.

»Du erinnerst dich an Herrn Rochlitzer?« Und ob ich das tat.

Nun erfuhr ich, dass Ignaz bald nach unserer Abreise die Lust an der Jagd auf die Radfahrer verloren hatte. Jetzt jagte er mit der gleichen Leidenschaft Pferdekutschen. Die Pferde kamen damit nicht zurecht. Sie brachen aus, und Ignaz musste manchen Peitschenhieb von den erbosten Wagenlenkern einstecken, was seinen Jagdinstinkt aber nur noch mehr befeuerte.

So nahm das Verhängnis seinen Lauf, als Herr Rokoko an einem eisigen Dezembertag von Ignaz gejagt wurde. Das Pferd scheute und ging durch, die Kutsche samt Insassen schleuderte und schlitterte hinterher.

Am Bahnübergang zum Unterdorf war Schluss. Das ganze Gefährt landete in einer Wolke von Schneestaub

und Eissplittern im Graben. Umgekommen ist keiner, aber Herr Rochlitzer kam ins Krankenhaus und hinkte seither. Die Kutsche musste der Großvater bezahlen.

Am Tag nach dem Unfall besuchte ihn der Postenkommandant der Gendarmerie, mit dem er jeden Donnerstag im Bahnhofsrestaurant unter einer Stechpalme

Mariage spielte. Die beiden zogen sich zu einem ernsten Gespräch in das Herrenzimmer zurück.

Mein Großvater weigerte sich, Ignaz in ein Tierheim zu bringen. Er leinte den Hund an und ging mit ihm und einem Freund, der Jäger war, in den Wald hinter dem Neuteich. Dort fiel ein Schuss.

Ignaz soll noch ein paarmal blitzschnell mit seinen Hinterläufen ausgeschlagen haben, ganz so, als sei er hinter einer Kutsche her.

Aber das sei nur so ein Reflex gewesen, erzählte mir meine Großtante Angelika und sah mich dabei durch ihre dicken Brillengläser freundlich an.

DIE GELBE DOGGE

Im Alter von sechzehn Jahren stand ich auf einer Donauinsel in Regensburg, dem Oberen Wöhrd, in einem etwa einen Meter tiefen Graben. Ich hatte seit dem frühen Morgen mit Spitzhacke und Schaufel an diesem Graben gearbeitet, in den ein Telefonkabel verlegt werden sollte. Nun musste ich mich beeilen, damit die Grube abends wieder zugeschüttet werden konnte. Es seien rabiate Plünderer und Metalldiebe unterwegs, sagte mein Auftraggeber, vor denen kein Stücklein Kupferdraht sicher sei.

Als ich mich aufrichtete, um das Werkzeug zu wechseln, sah ich sie von weitem: Eine gelbe Dogge, groß wie ein Kalb, aber zaundürr, kam in gemächlichem Schlenderschritt auf mich zu. Als sie näher kam, erkannte ich, dass sie im Krieg, der gerade zu Ende gegangen war, einiges abgekriegt hatte. Das Fell, von einem schmutzigen, ins Weiße spielenden Gelb, hatte Schrammen und schlecht verheilte Wunden und ein Ohr war eingerissen. Sie trug kein Halsband. Das Tier mochte mit einem der Flüchtlingszüge angekommen sein, 8000 Menschen sollen es gewesen sein, die in diesem Frühjahr 1945 die Stadt überschwemmten, die herrenlosen Tiere nicht mitgezählt.

Nun stand die Dogge über mir und schaute mir eine Weile bei der Arbeit zu, die ich, um Normalität bemüht,

Reglos und riesig stand die Dogge im Gegenlicht über mir

fortgesetzt hatte. Als ich mich wieder aufrichtete, wurde ich der furchteinflößenden Größe des Tieres gewahr.

Reglos und riesig stand es im Gegenlicht über mir. Es gab keinen Laut von sich, als es mich von oben bis unten beschnüffelte. Dann beugte sich die Dogge zu mir herunter und biss mich langsam, aber kraftvoll in die linke Hüfte.

Die Zeit blieb stehen. Unbeweglich standen die weißen Wolken am Himmel. Zwei Spatzen stritten sich um einen Wurm. Vor einer Hauseinfahrt spielten drei kleine Mädchen in Kittelschürzen »Himmel und Hölle«. Jetzt unterbrachen sie ihr Spiel und kamen zu uns herüber.

Ich verharrte in völliger Bewegungslosigkeit, wie es eben Beutetiere seit je im Maul des Raubtiers tun, nicht anders als eine Maus, eine Giraffe oder ein Gnu. Auch die Dogge hatte ihre Haltung nun schon seit Minuten nicht verändert und den Druck ihrer Kiefer nicht weiter verstärkt. Es war ihr wohl inzwischen gedämmert, dass es nicht so einfach sein würde, ein größeres Stück von mir abzubeißen.

Dann näherte sich ein Trupp von Arbeitern, die flussabwärts einen provisorischen Steg aus Pontons über die Donau errichteten, als Ersatz für die steinerne Brücke, die von der abziehenden Waffen-SS kurz vor Kriegsende in die Luft gejagt worden war. Jetzt standen sie bei uns, betrachteten die seltsame, wie eingefroren wirkende Figurengruppe und diskutierten den Fall in ihrem behäbigen Oberpfälzer Dialekt. Ich hatte mich inzwischen aus meiner Angststarre gelöst und fand meine Lage jetzt eher lächerlich als bedrohlich. Die Arbeiter indes rieten zur Vorsicht.

So ein Vieh wie dieses hier könne ohne weiteres einen armdicken Kalbsknochen durchbeißen, das bedeute dem gar nix, und was nachher passiert, das möchte er lieber nicht mit anschauen, so ausgehungert wie der Hund ist, sagte der Vorarbeiter. Als ein Kollege dann auch noch erläutern wollte, wie viel Fleisch und Innereien so ein Riesenvieh am Tag verputzt, wurde er zwar barsch am Weiterreden gehindert, aber leider zu spät. Starr vor Angst und aus dem linken Mundwinkel heraus versprach ich meinen Ratgebern, mich keinen Millimeter zu bewegen.

Dann kam ein eiliger Herr mit Aktentasche, blieb kurz stehen und riet mir dringend, das Tier auf keinen Fall durch Hilferufe zu reizen. Er sei ausgebildeter Sanitäter und sehe auf den ersten Blick, dass die mächtigen Fangzähne, mit denen die Dogge mich festhielt, sich im Bereich der Bauchschlagader eingegraben hätten, eines stark Blut führenden Organs. Wenn die einreiße, dann gute Nacht.

Als Nächstes trat ein altes Weiblein auf, das einen kleinen Leiterwagen mit einem Sack Kartoffeln hinter sich herzog.

Ich versprach meinen Ratgebern, mich keinen Millimeter zu bewegen

Das Hunderl könne überhaupt gar nichts dafür, belehrte sie die Umstehenden, das hätte eine Kiefersperre, also einen Krampf. Da helfe nur ein Eimer Wasser. Bei Hunden passiere das öfter, zum Beispiel beim Kopulieren, wo die Viecher dann nimmer auseinanderkommen und endlos blöd rumstehen, bis sich einer derbarmt und einen Eimer kaltes Wasser holt.

Diese Diagnose der braven Frau wurde beifällig aufgenommen. Jawohl, Scheidenkrampf bei Hündinnen, das kannte man, und wie mühsam das immer war, seine Kinder von diesem Spektakel abzulenken.

Am Ende wollte aber dann doch keiner die Verantwortung für diese rabiate Aktion übernehmen. Das Risiko, dass dabei die besagte Bauchschlagader zu Bruch ging, war einfach zu groß. Da müsse die Polizei her, hieß es jetzt.

Aber eine Polizei gab es so kurz nach der Kapitulation noch nicht, jedenfalls keine bewaffnete. Das wollten die amerikanischen Besatzer, nach ihren vorhergehenden Erfahrungen mit bewaffneten Deutschen, wohl erst noch einmal gut überlegen.

Bedauerndes Gemurmel, hilfloses Achselzucken. Wie ein schweres Tuch legte sich nachtschwarze Resignation über die stark angewachsene Menge, eine Hilflosigkeit, von der nun auch die gelbe Dogge ergriffen schien.

Ich hatte jetzt den Eindruck, sie würde liebend gern

den unseligen Vorgang beenden, wenn sie das ohne Gesichtsverlust gekonnt hätte. Sie wusste aber nicht, wie, und ich wusste es auch nicht.

Der gaffenden Menge war jetzt klar, dass alles bedacht und gesagt war und dass die Situation einfach nicht zu lösen war. Einer nach dem andern machte sich missmutig auf den Heimweg, dann war die Baustelle wieder leer wie zuvor.

Als Letzte gingen die Hunde, die aus allen Richtungen herbeigekommen waren und mit Interesse verfolgt hatten, wie es da einer der ihren einem dieser Zweibeiner gezeigt hatte, dieser Zweibeiner, von denen sie immer mit Tritten und Steinwürfen verjagt wurden.

Als wir wieder allein waren, fielen die ersten Tropfen. Ein warmer, dichter, lautloser Sommerregen setzte ein, von der Sorte, die einen in wenigen Minuten bis auf die Haut durchnässt.

Schon sah ich mich gerettet, denn Hunde mögen, wie jeder weiß, keinen Regen, weshalb man bei schlechtem Wetter ja auch sagt, da würde man doch keinen Hund vor die Tür jagen. Auf die gelbe Dogge traf das nicht zu. Völlig unbeeindruckt stand sie über mir und hielt mich mit ihren Fangzähnen fest, während der Regen in kleinen Bächen an ihren Flanken entlang in den Graben lief, der sich dabei langsam mit Wasser füllte, das allmählich durch meine mürben Schuhsohlen drang.

Die Hünde verfolgten mit Interesse, wie es da einer der Ihren es einem dieser Zweibeiner gezeigt hatte.

Dann, ohne jeden Übergang, hörte es zu regnen auf und die Sonne kam grell und strahlend hinter den dunklen Wolken hervor. Die Erde dampfte.

Und ebenso plötzlich ließ die Dogge mich los und ging im gleichen Schlendergang den Weg zurück, den sie gekommen war. Es fehlte nur noch, dass sie das Maul spitzte und sich ein Liedchen pfiff.

Nicht mal das Regenwasser hat sie sich aus dem Fell geschüttelt, was doch sonst alle Hunde tun.

DIE HÖLLENHUNDE

Anfang 1979 verkaufte ich meinen Anteil an einem toskanischen Bauernhaus samt einem Olivenhain von 25 000 Quadratmetern und erwarb von dem Erlös 15 Ar Mischwald am Nordhang des Feldbergs im Taunus mit alten Buchen, dunklen Tannen, schlanken Kiefern, einem blühenden Kastanienbaum und einer turmhohen Lärche.

Am Ende einer vermoosten Wiese stand eine unbewohnte Hütte mit einem Plumpsklo, und es gab einen gemauerten Brunnen, auf dessen Grund eine Kröte hauste. Wasser gab es nur, wenn es regnete.

In der Hütte hatte eine Familie im Zweiten Weltkrieg die Bombardierung Frankfurts überlebt. Jetzt wohnte im Dachgebälk eine Siebenschläfermutter mit ihren vier Kindern. Auch sie hatte in einiger Entfernung vom Schlafplatz ihrer Familie ein Klo eingerichtet.

Ein paar Wochen vor dem Ende des Krieges war gleich neben der Hütte ein Panzer der US-Army aufgefahren, gut getarnt unter den tief hängenden Zweigen der großen Lärche, und hatte hinunter ins Usinger Becken gefeuert, wo ein Häuflein von Waffen-SS-Leuten das Kriegsglück noch einmal wenden wollte. Durch die Druckwelle des Abschusses kippte die Hütte vom Fundament und war nicht mehr zu gebrauchen.

Der nächste Besitzer wuchtete das Fachwerk wieder auf den Sockel, aber die Hütte war nie wieder die alte. Das erzählte uns die Nachbarin, eine ehemalige Opernsängerin, eine kleingewachsene, energische Person, hoch in den Achtzigern, aber immer noch mit einer weittragenden Stimme begabt. Besonders ihre »Casta Diva« war hörenswert.

Dieser Bergwald im Hochtaunus mit den mächtigen alten Bäumen und den verstreuten kleinen Sommerhäusern der Frankfurter Bürger dazwischen, das war meine Liebe auf den ersten Blick.

Zehn Jahre später bekamen wir ganz andere Gesänge zu hören, aber als ich zum ersten Mal auf dieser Waldlichtung stand, waren die lautesten Geräusche das Pochen der Spechte, der Ruf des Kuckucks und das Rascheln der Mäuse unter der vermoderten Terrasse.

Nachdem eine riesige Brombeerhecke gerodet, der Eingang freigelegt, das Dach geflickt, die Scheiben ersetzt, die Siebenschläferfamilie vergrämt und die Hütte aufs Schlichteste bewohnbar gemacht war, verbrachten wir hier jedes Frühjahr und den Sommer, oft bis zur Buchmesse am Anfang des Oktobers. Auf den seltenen Fahrten in die Stadt, wenn wir schon von weit oben die Staubglocke über Frankfurt sahen, beglückwünschten wir uns, ein paar Stunden später wieder in die kühle, klare Waldluft eintauchen zu können, eine

Luft, die auf dem weiten Weg von den britischen Inseln über die Niederlande und die Felder und Wälder Nordhessens mit hundert würzigen Gerüchen angereichert bei uns ankam.

1983 schrieb Peter Knorr »BIRNE, das Buch zum Kanzler«, ich zeichnete die Bilder, und wir teilten uns die Einkünfte. Die kamen nun, dank immer neuer Auflagen, derart regelmäßig, dass ich einen Atelieranbau finanzieren konnte. »Helmut-Kohl-Gedächtnisbau« nannten wir ihn.

Der Architekturstudent Stefan Traxler zeichnete den Entwurf, und zwei Londoner Zimmerleute, Terry und Graham, führten ihn aus, einen Holzskelettbau auf Stelzen mit einem sieben Meter langen Glasdach. Er war das erste und auch das einzige Atelier, das ich je besessen habe.

Dort entstanden in den nächsten zwanzig Sommern viele Cartoons und Bildergedichte, Illustrationen und Kinderbücher, angefangen von »Der mächtige Max« mit Peter Knorr bis zu »Paula, die Leuchtgans«.

In meiner Schlafkoje hing eine sogenannte »Vogeluhr«, ein Plakat mit einem Zifferblatt in der Mitte, auf dem angezeigt wurde, wann welche Vogelart am Morgen mit dem Gesang einsetzt. Von wegen Morgen! Es stellte sich heraus, dass die meisten Vögel schon zu nachtschlafener Zeit zu zwitschern und tirilieren begannen, als erster der Gartenrotschwanz um vier Uhr fünfzehn.

Wenn der Buntspecht kurz nach neun sein Tagwerk begann, erhob auch ich mich von meinem Feldbett. Es gab viel zu tun. Der Zufahrtsweg musste befestigt, der Zaun erneuert, der Brunnen aufgebohrt und eine Klärgrube gegraben werden. Eine haushohe Bohrmaschine wurde aufgerichtet und fraß sich mit Getöse durch den Taunusschiefer, schwere Lastwagen brachten Kies und Beton, mit kreischenden Sägen wurden mächtige Kiefern und zwei Tannen gefällt, die das Haus bedrohten. Dutzende struppiger, verfilzter Fichten, die dicht um die Hütte standen, mussten niedergemacht, Obststräucher gepflanzt und Holz für den Kaminofen gehackt werden. Dann kam auf überlangen Lastwagen das Dachgebälk, der Firstbalken, Pfetten und Latten und die Lärchenbretter für die Verschalung des Ateliers im österreichischen Scheunenstil.

Da war es für Wochen mit der Stille vorbei. Sogar die Rehe, die manchmal in der Dämmerung auf der Wiese hinterm Haus geäst hatten, blieben weg, und die Fuchsmutter, die unter dem Geräteschuppen zwei Junge stillte, verzog sich und nahm ihre Kinder mit.

Nach den Lieferanten gingen die beiden englischen Zimmerleute ans Werk, zwei selbstbewusste Herren, Handwerker von einer Art, wie es sie damals bei uns

schon nicht mehr gab. Sie kamen mit einer mächtigen Werkzeugkiste an, die sie an dicken Seilgriffen trugen. Diese Kiste und ihr Inhalt waren so alt, die hätten gut schon beim Bau von Admiral Nelsons Flaggschiff dienen können. Die Hobel, Stemmeisen, Drillbohrer und Fuchsschwänze, alles aus bestem Sheffield Steel, wurden mit Umsicht und Achtung benutzt und gepflegt,

und Terry konnte fuchsteufelswild werden, wenn man sich diesem Schrein näherte. »Don't you touch my tools!«, fauchte er mich an, als ich einmal nach seinem Schraubenzieher griff.

Alles, was mit der Hand getan werden konnte – Sägen, Bohren, Hobeln und Schleifen –, erledigten sie ohne Motorenkraft, und man sah ihnen an, wie gern sie das taten.

Diese Art zu arbeiten brachte es mit sich, dass der Geräuschpegel in den nächsten Monaten niedrig blieb. Ich saß im Schatten der großen Buche an einem Tischchen und verdiente so das Geld, das die beiden Zimmerleute verbauten. Auch den Nachbarn gefiel das. Manchmal kam einer herüber – wir hatten beschlossen, unsere Grundstücke nicht einzuzäunen – und setzte sich zu uns. Es war ein Sommer voller Harmonie.

Des Nachts, wenn ich Graham und Terry zur Bahn gebracht hatte, lief ich im Mondschein durch den Wald zu einem einsamen Weiher mit einem aus Fichtenstämmen grob zusammengehauenen Sprungturm, zog mich aus und tauchte ins kühle, moosige Wasser.

Im nächsten Frühjahr gab es einen Besitzerwechsel zwei Häuser weiter. Nach einem Werber aus Wales und einem Sportsmann aus den Niederlanden erwarb ein Ägypter das Sommerhaus und bezog es zusammen mit

seiner jungen deutschen Freundin und zwei Dobermännern.

Herr Athman gab sich wie ein englischer Landadliger, trug allzeit Tweed, rauchte aromatischen Tabak aus einer Shag-Pfeife und ließ sich von seiner blonden Freundin in einem hochgelegten, moosgrünen Landrover durch den Hochtaunus fahren.

Die Dobermänner bellten von morgens acht bis nachts um elf mit Pausen, die selten länger als 15 Sekunden dauerten. Als die ersten Klagen kamen, beschied die junge Frau die Beschwerdeführer: »Menschen sprechen, Hunde bellen.«

Das war nicht zu widerlegen. Nun darf man sich die Sprache dieser beiden zwar rassereinen, aber ständig gereizten, hysterischen und auch furchteinflößenden Tiere, die sich 15 Stunden am Tag am Rande des Nervenzusammenbruchs zu befinden schienen, nicht wie ein einfaches Hundegebell vorstellen, das allein schon unangenehm genug gewesen wäre.

Hier war die Hölle offen, und die Verdammten heulten, jaulten, keuchten, kläfften, fiepten, röchelten und röhrten, allein oder im Duett, als sei ihr letztes Stündlein gekommen. Ich bat um ein Gespräch. Herr Athman empfing mich am Gartentor, freundlich führte er mich ins Haus, gastlich platzierte er mich am Kamin.

Ich ging sofort zur Sache. »Die Hunde, Herr Athman, die Hunde! Das geht nicht! Da muss etwas geschehen!«

Ich hatte auf dem Weg ins Haus bemerkt, dass die beiden Tiere mit einer ganz kurzen Leine an zwei Bäume gebunden waren. Kein Wunder, dass sie sich wie toll gebärdeten. Warum er sie denn um Himmels willen nicht frei laufen ließe? Auf zehntausend Quadratmetern Wald, hochumzäunt? Da wäre doch mit einem Schlag Ruhe?

Darauf ließ Herr Athman sich nicht ein. »These are not friendly dogs, you know?«, seufzte er und sah mir tief in die Augen. Und dann schilderte er mir, was die Hunde mit den Waldspaziergängern machen würden, wenn es ihnen gelänge, auszubrechen. Das klang nicht gut.

Ich brachte eine Hundeschule ins Gespräch. Die Trainer dort würden Wunder vollbringen mit übermotivierten Wachhunden. Davon wollte Herr Athman noch weniger wissen. Die beiden seien seine Kinder, die er nie allein lassen würde. »Never ever, you see?« Und überhaupt, murmelte er jetzt noch leiser und sah mich klagend an, wisse er schon, dass keiner hier auf der Fuchshöhe ihn leiden könne, weil er eben ein Ausländer sei. Aus Afrika noch dazu.

Damit hatte er mich. Einen Fremdenhasser wollte man sich schon in den achtziger Jahren auf keinen Fall nennen lassen. Eilfertig zählte ich ihm meine ausländischen Freunde auf. Mariusz aus Polen, Vito, den Italiener, Graham und Terry, die Briten. Sogar einen Iraker zog ich aus dem Hut, dem ich einmal in der S-Bahn aus der Patsche geholfen hatte, als er beim Schwarzfahren erwischt worden war.

»You are welcome at the Fuchshöhe, Sir!«, rief ich emphatisch aus.

Jawohl, das tat ich, im Sommer 1984. Und dann erzählte ich ihm mit leuchtenden Augen und ohne rot zu werden von einer Nachbarin, die gerade von einer Kreuzfahrt auf dem Nil zurückgekehrt sei, voll des Lobs über die Freundlichkeit der Ägypter und den unauslöschlichen Eindruck, den die Pyramiden, diese steinernen Zeugen des ältesten Kulturvolks der Erde, auf sie gemacht hätten, während wir Germanen damals noch auf den Bäumen oder jedenfalls unter den Bäumen gesessen hätten.

Jetzt endlich zeigte Herr Athman Reaktion. Tiefer noch blickte er mir mit seinen schönen orientalischen Augen in die meinen, bewegt legte er seine Hand auf meine und versicherte mir, es sei sein einziger Wunsch, in Frieden mit uns, seinen Nachbarn, zu leben. Und was seine beiden Hunde anlangte, da sollten wir fürderhin keinen Grund zur Klage haben. Fehlte nicht viel und wir wären uns in die Arme gesunken.

Es war knapp.

Beruhigt verließ ich ihn, beschwingt schwebte ich über den Kiesweg, legte die vierzig Meter zu meinem Gartentor zurück und ging über die Wiese auf das Atelier zu.

Genau in diesem Moment fingen die Hunde wieder an zu heulen. Von da an heulten sie fünf Jahre lang. Es war der Beginn eines ungleichen, fünf Sommer währenden Kampfes. Gerichte wurden beschäftigt, Strafbefehle wurden erteilt, Gutachten erstellt und einstweilige Verfügungen erlassen. Ab und zu erschien ein Polizeiwagen mit Sirene und Blaulicht und fuhr wieder weg. Die Hunde heulten.

Eines Tages erschien ein Handwerker aus dem Tal, der mir ein paar Trittsteine legen sollte. Er hörte sich das Jaulen eine Weile fast ungläubig an, machte kehrt und ließ sich nie wieder blicken. Auch die Opernsängerin kam nun seltener, und ihr Sohn, der manchmal erschien, um die Wiese zu mähen, stellte seine Besuche ganz ein und ließ das Gras wachsen. Hüfthoch.

Und mehr als einmal, wenn wir die Hochsommerhitze in der Stadt mit der Waldeskühle tauschen wollten und uns das Geheul der Höllenhunde schon beim Aussteigen entgegenschlug, stiegen wir wieder ins Auto und fuhren zurück.

An einem dieser Tage kam mir die, wie ich fand, geniale Idee, wie ich diese entwürdigende Situation aus eigener Kraft beenden könnte. Mein Plan war: aufzeichnen und zurückbellen. Das heißt, das Dobermann'sche Jaulen, Kläffen, Heulen und Röcheln auf Band aufzunehmen und in der gleichen Lautstärke zurückzusenden, eventuell auch nachts oder früh am Morgen.

Die Nachbarn, anfangs begeistert, äußerten juristische Bedenken. Ein befreundeter Anwalt bestätigte mir, ein Richter könne hier auf einen Notwehrexzess erkennen, falls es zum Prozess käme. Ich brannte darauf! Das wollte ich doch sehen, wer hier Opfer und wer Täter sei. Ein Kassettenrecorder wurde besorgt, ein »Ghettoblaster« mit vier Lautsprechern, der sollte, unter Fichtenzweigen getarnt, am Zaun des hartleibigen Hundehalters postiert werden.

Das Unternehmen scheiterte kläglich.

Es erwies sich, dass der gleichzeitige Gesang der Finken, Stare, Meisen, Dompfaffen, Pirole und Rotkehlchen sehr viel lauter und spitzer auf dem Band ankam als das Gekläff der wütenden Hunde. Die viel höhere Frequenz des Gezwitschers und Geschmetters der Waldvögel drängte das Dobermann'sche Gebell weit in den Hintergrund. Fast klang es so romantisch wie das Bellen der Hunde von fernen Gehöften, das der Eichendorff'sche »Taugenichts« auf seiner nächtlichen Kutschfahrt durch die mondbeglänzten Alpentäler auf dem Wege nach Italien vernommen hatte.

Von der täglichen Folter durch die hysterischen Dobermänner keine Spur. Kein Richter würde darin eine Belästigung sehen. Sollte ich jetzt aufgeben und endgültig in die Stadt ziehen?

Es kam zu einer Szene, die meine Gattin immer wieder gern fremden Leuten erzählt, während ich gequält lächelnd daneben sitze. Sie habe, so erzählt sie, am Tag nach der missglückten Tonbandaufnahme ganz plötzlich lautes Dobermanngeheule im Haus gehört. Sollten sich die Untiere losgerissen haben, um uns endgültig den Garaus zu machen?

Mutig öffnete sie die Tür zu meinem Atelier, und da habe sich ihr folgendes Bild geboten: ich, ihr Gatte, habe vor dem Zeichentisch gestanden und mit aufgestützten Armen und vor Anstrengung gerötetem Kopf laut und täuschend ähnlich in das Mikrofon des vor mir aufgebauten Recorders gebellt und geheult.

Im Großen und Ganzen hat sie den Sachverhalt richtig wiedergegeben. Nun wäre es schön, wenn ich diese Episode damit beenden könnte, dass ich den Recorder am nächsten Tag unter jungen Fichten versteckt in Stellung gebracht und den uneinsichtigen Nachbarn durch diese Art von Gegenkommunikation – quasi durch die Spiegelung der ungeheuerlichen Belästigung über Jahre hinweg – zur Einsicht gebracht hätte und von den anderen Anwohnern jubelnd als Befreier der Fuchshöhe von der Bellfolter gefeiert worden wäre.

Aber das Leben duldet keine wirklich guten Pointen.

Am nächsten Tag war es totenstill, an den folgenden Tagen auch, und so ist es bis heute geblieben. Es hieß, die Hunde hätten in der Nacht das Gitter durchgebissen und seien verschwunden. Kurz darauf ist auch der Nachbar weggezogen. Er verschwand, ohne eine Spur zu hinterlassen. Es gab Gerüchte, ein ungeduldiger Anwohner, der von meinem Plan nichts wusste, habe das Gitter mit einer Drahtschere aufgeschnitten. Der Fall ist nie aufgeklärt worden.

Dann geschah etwas Seltsames. Man hätte meinen sollen, dass nun die Besitzer der Häuser auf der Fuchshöhe zurückkehren würden, die sich in den letzten Jahren so rargemacht hatten. Aber sie kamen nicht.

Auch wir hatten inzwischen andere Ferienorte lieb-

H. C. Artmann
Übrig bleibt ein moosgrüner Apfel
Gedichte und Prosa
Mit einem Nachwort von Clemens J. Set
Mit Illustrationen von
Christian Thanhäuser
Insel-Bücherei Nr. 1493

»Katzen kann man alles sagen«
Geschichten und Gedichte
Herausgegeben von Matthias Reiner
Mit Cartoons von BECK
Insel-Bücherei Nr. 1494

Erwin Seitz
Das Gasthaus
Ein Heimatort
Mit farbigen Fotografien
Insel-Bücherei Nr. 1497

Max Liebermanns Garten
Herausgegeben von Gloria Köpnick
und Rainer Stamm
Mit farbigen Abbildungen
Insel-Bücherei Nr. 1498

Marcel Proust
Briefe an seine Nachbarin
Herausgegeben von Estelle Gaudry
und Jean-Yves Tadié
Mit einem Essay von Andreas Maier
Aus dem Französischen
von Bernd Schwibs
Insel-Bücherei Nr. 1500

Hans Traxler
Ignaz, die gelbe Dogge und die Höllenhunde

Insel-Bücherei Nr. 1491

Hans Traxler erzählt von seinen Hunden, die tiefe Spuren in seinem Leben hinterlassen haben: von Ignaz, dem sehr geliebten Mischlingshund des Großvaters; von der gelben Dogge, die kurz nach dem Krieg halbverhungert aus dem Nichts auftaucht, und von den Höllenhunden, die eines Tages neben seinem Waldhaus im Taunus einziehen, das Idyll zum Albtraum werden lassen und auf rätselhafte Weise wieder verschwinden. Mit vielen farbigen Bildern in Traxlers unverwechselbarem Stil.

gewonnen, in East Sussex und in einem Dorf auf der Halbinsel von Saint-Tropez.

Vier Jahre stand das Haus leer. Wir gaben einer Maklerin den Auftrag, sich nach einem Käufer umzusehen. Von ihr erfuhren wir, dass es die alte Wochenendhaus-Kultur nicht mehr gibt. Die Deutschen fliegen jetzt in ihrem Urlaub nach Jamaika und viele sogar übers Wochenende nach Mallorca.

Da versuchten wir noch einmal, unser Paradies neu zu beleben, und zogen für eine Woche mit Sack und Pack in den Wald. Es war schöner als je zuvor. Die Hecken waren dichter geworden, die Bäume höher, und der englische Wind wehte mild und würzig. Ein Eichelhäher meldete unsere Ankunft, ein Dachs schnürte über den Fahrweg und verschwand in der Fichtenschonung. Wir trafen keine Menschenseele in dieser Woche, und abends blieben die Fenster der Nachbarhäuser dunkel. Es war totenstill.

Zu still.

Bei einem Treffen der Preisträger des »Göttinger Elch« am Schliersee erfuhren wir von einem leerstehenden Bauernhaus im bayerischen Fünfseenland. Wir wurden eingeladen und fuhren hin.

Als wir ankamen, lag das Dorf still in der Abendsonne. Nach einer Weile fuhr ein riesiger Traktor mit mannshohen Rädern die Dorfstraße hinunter. Nebenan schnaubten drei Haflinger im offenen Stall, und

im Haupthaus wurde Musik gemacht. Zwei Geigen, Tuba und steirische Ziehharmonika. Dann fegten zwei Düsenjäger über das Dorf, so eng, als wären sie mit Bindfäden aneinandergebunden.

Kein Hund bellte.

Durch hohe Bäume funkelte der See.

Dahinter zog sich über den ganzen Horizont die lichtblaue Alpenkette.

War das jetzt das Paradies?

Ich betrat das Haus, stieg die knarrende Treppe hinauf, setzte mich an den Tisch und begann zu zeichnen.